Ulrich Selich

Januargedichte 2025

Künstlerische Arbeiten von

Sarah Elspass

1.

Das neue Jahr heißt mich willkommen
das Winterlicht am 1. Januar
der winterliche Wald und
der weite Himmel über Altenberg

Ich lasse zum ersten Mal die alte Last
bewusst zurück um dem Neuen
halbwegs frei und unbeschwert zu begegnen
mit wachsendem Hunger aufs gute Leben

Der Wind spielt Bass auf den Wipfeln
und die Glocken vom Dom erklingen
nach und nach werden zum Chor
der mit Lobgesang den Raum erfüllt

Wir feiern erstmals zusammen das Leben
und verzeihen ihm die Schläge
mit denen es so manches zerbrach
das als Bild uns und Ikone gar nun leuchtet

2.

Die Sonne weiß nichts von mir
der Himmel ist so weit wie fern
und doch lobe ich mir das Nun
und lebe darin wie in einer Heimat

Sichtbar werden im Licht auch Risse und Zerfall
darin nisten Staub und Tau wie Gelege
und wir wissen vom Leben dass es auch
an unwirtlichsten Orten immer wieder neu gedeiht

Ist dies vielleicht auch alles ohne Plan
sinnvoll ist es allemal in seinem
Beharren und Keimen und was wüst war
und leer wird Steppe und Garten

Mein Herz wird darin zum Hirten
der seine Herde zum Weidegrund bringt
wo die noch winterkahlen Bäume
sich sammeln für Blüte Krone und Frucht

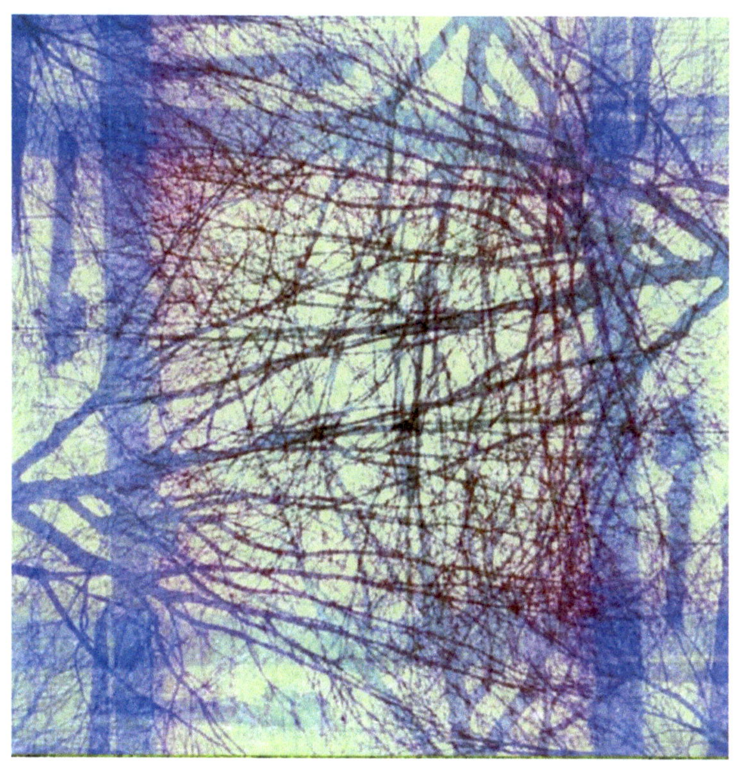

3.

Das Licht kommt zu mir
mal wie ein Kind das sich nicht traut
den Vater zu wecken mal mit Wucht
wie Bachs „Jauchzet, frohlocket . . .“

Jeden Tag kommt es zu mir
dorthin wo ich bin
darauf ist Verlass
bis zum letzten meiner Tage

Das Licht unterscheidet nicht
aber scheidet jeden unserer Tage
von der Nacht und Gott sah
schließlich dass es gut war

Es weckt die Farben das Wachsen
bringt das Erzählen in Gang
die Mythen den Glauben
und das Zweifeln auch

Das Licht zeigt uns die Gipfel
das Atmen der Meere
die Zugvogelschwärme
und das Vielfaltswunder

Jede Schneeflocke leuchtet auf eigene Art
in jedes Gesicht und Blut und jede Hand
ist Einmaligkeit geschrieben und darin
sind wir uns ähnlich und den Flocken

4.

Sprechen wir vom Atem
der uns
mit allem verbindet

Sprechen ist Atem
in unserer atmenden Welt
verbindet mit Worten

So wird Atem
Gedanke und Gefühl
und auch mal zu Stille

Das All ist hier zu Hause
ein Staubkorn
das im Licht schwebt

Im Anfang war das Wort
als Gott es sprach
wurde der Atem Welt

5.

Ich wasche meine Hände
schau mich im Spiegel an
in meinen Augen ein Schmerz
den ich nicht verstehen kann

Er hat sich eingenistet
bringt mir Kälte und Wehe
ich wache in der Nacht auf
als ich über eine Klippe gehe

Finde ich hier noch Freude
oder ist's aus und vorbei
wartet am Ende sogar Seligkeit
oder bricht alles für immer entzwei

6.

Jedes Gedicht eine Insel
umtost von Welt
die sich auch in ihm zeigt
wie in einer Schneekugel

Jede Silbe eine Flocke
jede Zeile eine Szenerie
in der der Blick wandert
von Alpha bis nach Omega

Die Kuppel lässt so viel Licht rein
und nach jedem Schütteln
flirrt weißes Gestöber
Dramatik ganz ohne Held

7.

Die Sieben ist an Geschichten reich
einer schlug sieben auf einen Streich
einer träumte von fetten und mageren Jahren
niemand weiß so genau wer die sieben Schwaben waren

Sieben Tage ist das Jahr nun schon alt
noch drei mal sieben plus drei wird hier eingezahlt
ein Fries aus Lebenslust Farben und Freude gemalt

8.

Fast ist es zu dieser Stunde wie immer
die dunkle kalte Nacht
das Ticken der Uhr an der Wand
irgendwo fern ein Martinshorn

Ein guter Geist wirkt heute
ein Kobold der dich sacht erinnert
die Fee die deine Wünsche kennt
eine unbekannte Tür geht auf

Da war der Raum schon immer
mit Tisch vier Stühlen und Kamin
und einer Staffelei das Bild
darauf zeigt dich im Glück

Vor langer Zeit ging es dir verloren
war im Grunde schon nicht mehr wahr
doch jetzt rührt es dich behutsam an
und verspricht: Ich gehöre zu dir

9.

Am Anfang war die Linie
formt auf Fels ein Tier einen Mond
wächst hinaus ins Land
als Weg und verbindet alles
zu Welt und Mythos
beginnt zu erzählen zu singen
und zu ergründen was unsichtbar
aber da und wirksam ist
als Liebe Angst und Glaube
und auch Hass
das ganze Bild

Wir sind die Wesen
der Linie in allen
ihren Formen
sie ist uns Werkzeug Filter
Traumfänger und Material
von Erinnerung wie Utopie
Wahrheit und Lüge
und erst am Ende
wissen wir sicher
was unter dem Strich steht

10.

Weiß flüstert nur
Grau hat keinen Ton
zusammen sind sie bildschön
an diesem gewöhnlichen Tag

Der Winter ist in die Stadt gekommen
bringt Ruhe und den Takt
der Straße herunter
und zum Leuchten die Dächer

Unter den Schirmen
gehen bedächtig Leute
im Schnee finden sich
Spuren wie von Feen

Der kleine Hund
an seiner Leine zittert
und wittert dass heute
die Uhren anders geh'n

11.

Morgen besuche ich die Romantik
in der Stadt des Geldes
fahre vom Rhein an den Main
mit einer Wünschelruthe im Gepäck

Ich fahre nicht allein
habe Gedichte dabei
Gefährten schlafloser Nächte
deren Puls ihr Versmaß ist

Und mich begleiten Bilder
von Runge bis Blake
und jenem Büchner wie
Moorse ihn sah im „Lenz"

Ich reise im Winter
Schuberts Wanderer reist mit
der Leiermann also auch
der barfuß in der Kälte steht und singt

12.

Und plötzlich erstrahlt alles
in goldenem Licht als hätte ich
Macht über die Wolken dass sie die Sonne
freigeben für diesen einen Moment

Zwar war es schon hell in mir
war das Herz auf einmal so froh
ganz ohne erkennbaren Grund
nur die Erinnerung an einen glücklichen Moment

Korrespondenzen wie diese sind mir lieb und vertraut
da reimen sich Alter und Kindheit und
Freude aus dieser nimmt jenem die Schwere
und das bleibt mir lange noch nach diesem Moment

13.

Ich wiederhole
hole wieder her
was schon einmal war
wieder und wieder
von dort nach hier
von damals ins Jetzt

Von damals ins Jetzt
in dem nichts bleibt
also wiederhole ich
hole wieder her
wiederholt sich
das Holen

Wiederholt sich
das Holen
solange Zeit ist
wiederholt sich
bis alles vergeht
bis ich also gehe

14.

Lass uns die Dinge feiern
den Geruch von Büchern und einem Blatt Papier
den einer gerade entzündeten Kerze
als sei es der Duft von Sommerblumenwiesen

Das Holz des Stifts in dem die Nähe
des Wipfels zum Himmel noch wirkt
und die Schale Tee auf dem Tisch
als Einladung zu denken empfinden und schreiben

Wir sind umgeben von Dingen
treuen Begleitern seit Urzeiten
die oft auch bezeugen dass es einen gab
der sie nutzte und dem sie gehörten

Walter Benjamins Büchlein mit Aphorismen Multatulis
Franz von Assisis Porzellanschälchen für Tee
meines Vaters Blechnapf aus dem Krieg
den er bis zum Schluss nutzte für die Rasur

Arm wäre die Erinnerung ohne die Dinge
und so manches wie die Hymne an Nikkal
nicht mehr da und wie nie gewesen
gäbe es nicht jene tönernen Tafeln aus Ugarit

15.

Bevor ich sterbe ist noch so viel Zeit
der Himmel ist hoch der Horizont weit
so viele Zeilen warten aufs Schreiben
ich bin noch nicht bereit nur hier zu bleiben

Also die Jacke an und die winterfesten Schuhe
und hinaus in die winterhelle eisige Ruhe
zur Jagd auf Wörter mit Rhythmus und Sinn
die mir helfen zu verstehen warum ich hier bin

Und gleich um die Ecke im schneeweißen Park
finde ich Schlitten Freude Jauchzen bis ins Mark
und bin wieder Kind auf der verwandelten Wiese
mit gleißender Rutschbahn und Schneemannriese

Und dann gehe ich hinunter zum grauschwarzen Fluss
zu dem jeder der Weisheit sucht gehen muss
da finde ich dräuende Tiefe urzeitliche Flut
schreibe es auf mit Genesisbildern im Blut

16.

Die Glut im Kern
das Blut der Erde
der Herzschlag und Atem

Ruhe als Zustand
nach den Wehen dem Chaos
und der Eruption

Wir Wesen leben das
haben in uns Schrei
und Hitze

Sind Geschwister der Vulkane
in den Adern Materie
und den Klang der Tektonik

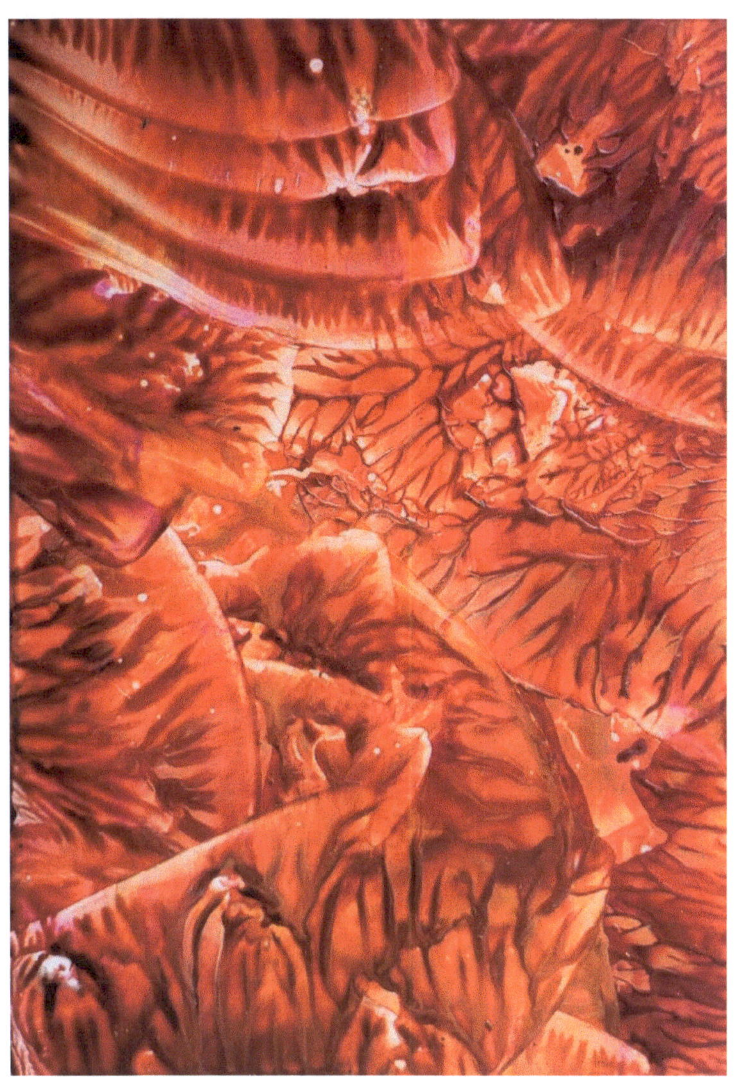

17.

Wovon sprichst du
wenn du als Dichter sprichst
bin ich zugegen in allen Silben
oder ist es ein Spiel der Abwesenheiten

Wir haben noch lange nicht
zu einer Einigung gefunden
die ihr im Disput
gefordert hattet

Du bist mit mir im Bunde
ich will dir begegnen
damit wir sprechen können
von uns und uns erkennen

In mir sind Singular wie Plural
die Zeiten und das ganze Konstrukt
aus Bedeutung Syntax und Klang
und das von Anbeginn an

18.

Auf der Anhöhe ist plötzlich alles anders
die Baumkronen weiß vom Frost
und der Nebel in dem die Sonne fast verschwindet
kappt die Verbindung zum festen Grund

Unter den Schuhen knirschen Eis und angefrorene Erde
in den Schatten glitzert's und dort
wohin die Sonne endlich scheint
sind schon Schmelze und Eidechsenwärme

Wir bewegen uns durch leeres Land
und erst spät nach Mittag beleben sich die Wege
als habe der Himmel mit seinem herrlichen Blau
den Menschen versprochen sie fänden ihr Glück

19.

Gospel mein Gott so manches
dieser Lieder hat so viel Spirit
Glaube Liebe und Hoffnung auch
dass es selbst ein Herz aus Stein erweicht

So viel Leid gibt es in der Welt
so viel Schmerz und bittere Not
hier werden sie mit Glut besungen
und finden Linderung wie die Hungrigen Brot

Oh Lord rufen sie vertrauen darauf
dass Er sie erhört und befreit
und im Rhythmus und Jubel des Kehrreims
bereiten sie das Fest: Jetzt ist die Zeit

20.

Biermann macht es immer wieder vor
wie man sich ändert und treu bleibt dabei
in so manchen historischen Momenten
hat er schnell gelernt und das so überaus frei

Vom Zwang einer reinen Lehre war lieber
derb und küsste Pferden den Arsch
wenn er verstand wie groß sein Glück war
als die Nazibrut endlich ihren Mörderkrieg verlor

Verhärten konnte ihn keine der Zeiten
die er erlebte und so wunderbar bissig besang
er verlachte die Schergen legte mit Mächtigen sich an
war kein frommer Kommunist vor nichts und niemand bang

Wolf Biermann: „Berühmtes Kriegsphoto, später betrachtet"

21.

Die Wahrheit der Poesie ist eine andere
als die der Historiographie
die eine blickt ins Herz und in die Seele
die andere auf längst vergangene Gegenwart

Schwer zu greifen ist das alles
aber nie beliebig
verpflichtet einem Anspruch
der wahrhaftig das Wesentliche will

Wer dem nicht gerecht wird
landet auf einer abgewrackten Bühne
in einer Wolke aus Lüge und Gift
die über einem Abgrund schwebt

Hans Schnier ist ein Mensch im Zwiespalt
im Wüten wahr und wahnhaft in der Liebe
sitzt auf der Schwelle einer Vergangenheit
die Menschen fraß und selbst die Mutter glaubte das sei
gerecht

22.

Ich fühle mich wie ein Gast
in diesem Saal aus Nebel
die Bäume stehen
wie Honoratioren die
zu jemandes Ehren
zum Empfang geladen haben

Statt Kerzen leuchten die Reste
von Schnee und ein Chor aus Schatten
setzt an zu einem Lied
das nur aus Ahnung besteht
und still lauscht der Park
und alles was in der Erde lebt

Gäbe es nicht den gedämpften Lärm
des Verkehrs auf der Kreuzung
die Lichtwechsel der Ampel
so wäre die Illusion perfekt
von einer Lichtung auf der
bald schon Naturgeister tanzen

23.

Dass die Welt eine Bühne sei
und wir in ihr nur Mimen
kennen wir von Shakespeare
aber guck dir an was in Wiki dazu steht

Der Bogen ist sehr viel größer
reicht bis zu den Römern und es kommt
einem in den Sinn dass schon Petronius
viel von uns und unserer Zeit wusste

Unsere Bühne ist nur noch mal bunter
und lauter und schrille Revuen wechseln
einander ab und grinsende mächtige Alte
tanzen dass es zum Fremdschämen ist

Und wieder sind wir fast alle Statisten
stellt uns eine Regie ungefragt an den Rand
wo wir jubeln palavern staunend stehen
als sei sie von Gott und wir seien verdammt

24.

Die Hand die hier schreibt
gehört zu mir
sie ist nicht mehr die jüngste
aber darin wie sie den Stift führt
sehe ich noch das Kind
das gerne lernte gerne schrieb

Es gab keinen Tag an dem sie ruhte
kaum einen an dem sie nicht schrieb
an jedem ihrer Tage
tat sie was der Kopf sie tun ließ
die Verbindung steht
bis ans Ende ihrer Tage

Ich gehöre zu dieser Hand
bin ihr dankbar und froh
dass nur Narben von Wunden erzählen
und dann denke ich an Victor Jara
dem sie die Hände brachen
damit seine Musik endlich verstummte

Ohne Hände aber bleibt ihm die Stimme
mit der er singt und rezitiert
und das was der Kopf ersinnt
zum Klingen bringt
und immer ist es das Lied von der Freiheit
vom Leben von der Liebe von uns

25.

Mehr als jede Straße wecken Gleise
die hinausführen aus der Stadt
die Lust auf das Verreisen
dorthin wo die Welt noch Geheimnisse hat

Und rast ein Fernzug dann vorbei
sehe ich einzelne Menschen darin
als Abenteurer Ritter fahrende Sänger
auf der Suche nach Antworten und Sinn

Der Fahrtwind zieht an dir
wie ein Versprechen auf Glück
und auch Reichtum und bringt vergessene
Kindheitssehnsucht nach Ferne zurück

Er bläht mächtig die Dreimastersegel
vom Krähennest aus siehst du die flimmernde Küste
Delfine flitzen mit dir über die wogende Gicht
im Admiral Benbow steht Bill Bones' verlockende Kiste

26.

Bin ich für etwas oder gegen
sind wir oben unten oder an der Seite
nimmst du von etwas weg
oder fügst du was hinzu
haut ihr nur drauf oder
schlagt ihr in irgendeine Kerbe
oder euch schon in die Büsche

Faszinierend diese Wörtchen
haben was vom Salz in der Suppe
oder dem Treibstoff der das Schiff
gen Westen bringt oder
der Schwerkraft die uns
mit dem Grund verbindet
sodass wir uns erden können

In welchem Verhältnis stehen wir zur Welt
zur Zeit oder zueinander oder
zu der Frage warum oder wie
wir tun was wir tun und
kommen damit ganz schön nah
an die nach dem Sinn des Ganzen heran
in diesem Wirbel aus Vorwortgeglitzer

27.

Oft sind es nur ein paar Stufen
die dich trennen von einer anderen Zeit
es ist als würden sie dich rufen
in eine andere Gegenwärtigkeit

Als die Tür aus altem Holz zufällt
bist du umgeben von Weihrauch Licht und Gebeten
einer eigenen und so scheint es zeitlosen Welt
aus Vergangenheiten die sich übereinanderlegten

Am Mauerwerk siehst du was neu ist was alt
die Schritte hallen wie Echos über viele viele Jahre
und was du fühlst wird langsam Gestalt
ein Tisch für ein Festmahl und keine Bahre

28.

Ich tausche meine Müdigkeit
gegen einen hellen Morgen
mein Entsetzen über die
schlimmste Nachricht des Tages
gegen eine Wolke
die sich schnell bewegt
und so dem Blau des Himmels
nicht allzu lange im Wege steht

Ich tausche die Unruhe
vor einem weißen Blatt Papier
gegen einen gelungenen Reim
die Leere gegen Sätze
die klangvoll erzählen
von einer Reise in ein sicheres Land
und von einem blauen Klavier
das viel zu lange im Schatten stand

Ich tausche das Getauschte
gegen eine Vollmondnacht
in der die Wörter aus Silber sind
gegen die Musik der Sterne
die nur die hören die's Hassen endlich lassen
und selbst in den tollkühnsten Geschichten
werden sie dann endlich geläutert
von der Wahrheit der Liebe berichten

29.

Der Kopf will über das Spielen reden
doch die Hand sieht darin keinen Sinn
fordert eine andere Richtung bei der
sie fühlt das ist auch ihre

Wer hier entscheidet ist nicht klar
das System Mensch ist so komplex
dass schon der Duft einer Speise
einer Sicherheit den Garaus machen kann

Im mondbeschienenen Park sehen die Augen
Chimären fühlt die Haut die Lichtsubstanz
und das Gesicht ist weiß wie ein Blatt
auf dem Schatten Balladen dichten

Die Gedanken folgen dem Erinnern
sind eine Hundemeute auf der Jagd
die der Stift mit kräftigen Strichen
zwischen die vertrauten Sternbilder malt

30.

Den Kopf voll mit Gedöns
Alltag Hochmut Zweifel
dass die Wörter nur so durcheinandergrollen
gehe ich gesenkten Hauptes durch mein Viertel
nicht aus Demut oder Dünkel wohlgemerkt
sondern im Dienst der Grübelei

Da blicke ich auf einmal
auf eine Pfütze als auch
auf einmal die Sonne strahlend scheint
und da ist mit einem Mal
der ganze Himmel nah mit all seiner Pracht

Wolken ziehen weiß von Ufer zu Ufer
das Blau gibt eine Ahnung vom All
und ich schaue durch ein frisch geputztes Fenster
auf ich glaub es kaum das Tor zum Paradies

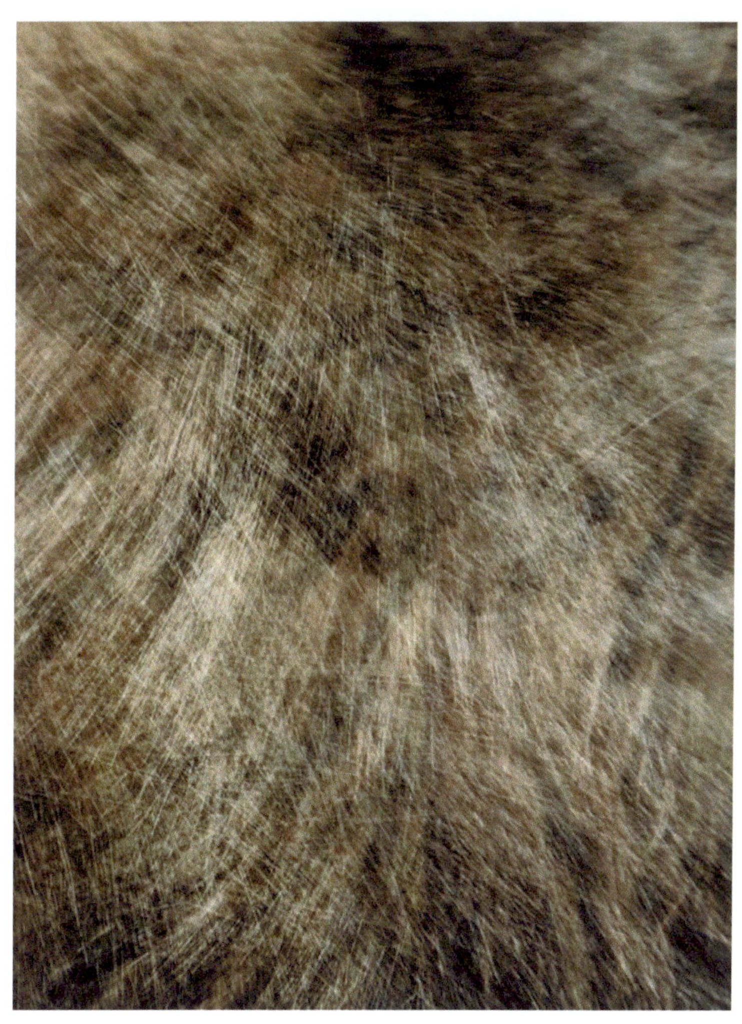

31.

Keine letzten Worte
kein Resümee auch von Abschluss
kann keine Rede sein
denn lebenslänglich heißt bis zum Tod

Was kann es Besseres geben als ein Ende
das so voller Anfang ist eine Erschöpfung
nach der im Ruhen neue Kraft erwächst
und Vorfreude auf ein weiteres Beginnen

Die Felder sind bestellt entfernt ist
das tote Holz und die harten Schalen geben
zum Sesam-öffne-dich des Wachsens
bald schon wieder neues Leben frei

Die Körbe stehen bereit in denen ich
sammle was ich unterwegs finde
folge dem Stift auf seinen verschlungenen Wegen
um Wurzeln zu suchen und Wunden zu heilen

Ich pflege aufs Neue meine Aufmerksamkeit
und den Kunstgenuss um die immer gleichen Fragen
noch einmal neu aus anderer Perspektive
zu beantworten im Dienst des Lesens und des Lebens

Bis zum nächsten 1.1. gibt es Brücken aus Hiob und Heine
Blitze und Donner aus Sinfonien Gesang & Jazz
Feld- und Gartenfrüchte aus dem ersten Buch Mose
und Regen Sturm & Sonne aus der Mär von Loch Ness